Denise DeGarmo
Paige Cooper
Dillon Santoni

A Aliança Estratégica EUA-Israel e o Desaparecimento da Palestina

Denise DeGarmo
Paige Cooper
Dillon Santoni

A Aliança Estratégica EUA-Israel e o Desaparecimento da Palestina

ScienciaScripts

Imprint

Cover image: www.ingimage.com

This book is a translation from the original published under ISBN 978-3-659-84630-4.

Publisher:
Sciencia Scripts
is a trademark of
Dodo Books Indian Ocean Ltd. and OmniScriptum S.R.L publishing group

120 High Road, East Finchley, London, N2 9ED, United Kingdom
Str. Armeneasca 28/1, office 1, Chisinau MD-2012, Republic of Moldova, Europe
Printed at: see last page
ISBN: 978-620-8-29800-5

A Aliança Estratégica EUA-Israel:
Como os Estados Unidos estão a contribuir para o "desaparecimento" da Palestina

Denise DeGarmo. Doutoramento
Departamento de Ciência Política
Southern Illinois University Edwardsville

Paige Cooper
Departamento de Ciência Política
Southern Illinois University Edwardsville

Dillon Santoni
Departamento de Ciência Política
Southern Illinois University Edwardsville

Este livro é dedicado a Raed Abed Rabbo e a Jad Issac. A vossa força e as vossas convicções inspiraram-nos a trabalhar para ajudar a pôr fim à ocupação. Nunca poderemos agradecer-vos o suficiente pelo vosso apoio a este empreendimento.

Índice

Capítulo 1. Introdução

Os Estados Unidos e Israel partilham uma aliança estratégica desde a criação do Estado de Israel em 1948. Esta aliança baseia-se largamente no fornecimento de armas militares, na formação e na construção de bases militares através dos auspícios do Departamento de Defesa dos EUA (USDOD) e do Corpo de Engenheiros do Exército dos EUA (USACE). À medida que Israel expande o seu controlo territorial para o Vale do Jordão através da construção de "zonas militares fechadas", "zonas de tiro" e outras semelhantes, não podemos deixar de nos interrogar sobre a assistência que o USDOD e a USACE têm prestado nestes empreendimentos. Esta questão torna-se vital para a compreensão da recusa de Israel em ceder sectores do Vale do Jordão aos palestinianos, sob os auspícios da última tentativa dos Estados Unidos de um acordo de paz mediado em 2013. Poderão os esforços dos israelitas para militarizar ainda mais o Vale do Jordão ter algo a ver com esta resistência? Esta questão está no centro deste livro.

Capítulo 2. História da Área C: O Vale do Jordão

O conceito de Área C, onde se situa o Vale do Jordão, foi delineado pela primeira vez no Acordo Provisório sobre a Cisjordânia e a Faixa de Gaza (28 de setembro de 1995), também conhecido como Acordo de Oslo II (Acordo Provisório sobre a Cisjordânia e a Faixa de Gaza, 1995). Esta declaração dividiu o território da Cisjordânia em três sectores distintos: Área A, Área B e Área C. As fronteiras das Áreas A e B foram demarcadas através do traçado de linhas em torno dos centros populacionais palestinianos na altura de Oslo I. No entanto, este processo demasiado simplista resultou em fronteiras sem contiguidade territorial e conduziu a problemas de governação efectiva. O restante território não abrangido pelas Áreas A e B tornou-se a Área C, que é territorialmente contígua.

A área A abrange aproximadamente dezoito por cento do território da Cisjordânia (Gabinete de Coordenação dos Assuntos Humanitários das Nações Unidas: território palestiniano ocupado, 2014). Abrange todas as cidades palestinianas e a maior parte da população palestiniana que vive na Cisjordânia. A Autoridade Palestiniana assegura a administração civil e a segurança nesta zona. A área B abrange cerca de vinte e dois por cento da Cisjordânia e é constituída principalmente por terrenos rurais (IBID). Enquanto a Autoridade Palestiniana assegura a supervisão civil da Área B, a segurança nesta área foi entregue à Administração Civil e às Forças de Ocupação Israelitas (IOF). A Administração Civil foi criada em 1981 por Israel para assegurar a governação no território ocupado da Cisjordânia. Faz parte do Coordenador do Governo

Mapa 1: Mapa da zona C da Cisjordânia

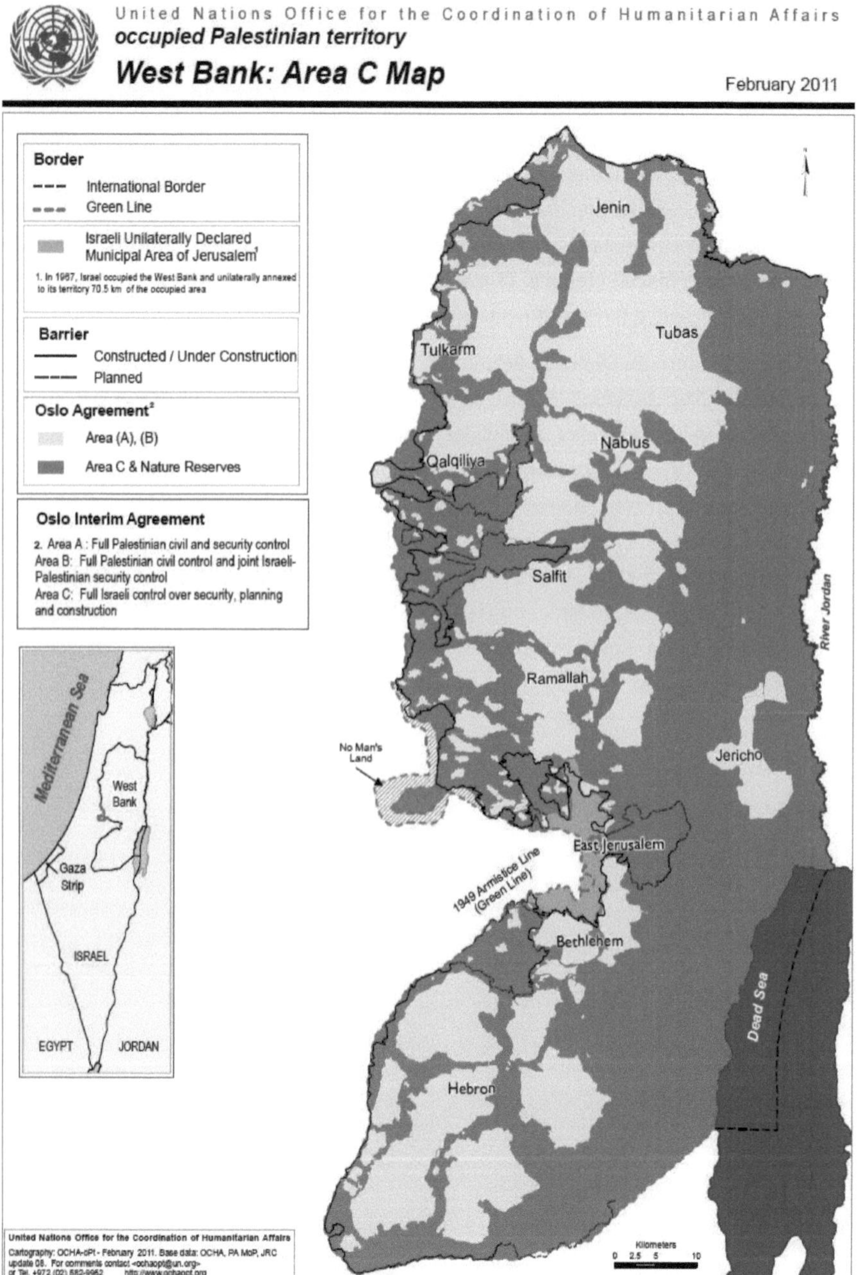

Fonte: Gabinete de Coordenação dos Assuntos Humanitários das Nações Unidas

Actividades nos Territórios (COGAT), que é uma unidade do Ministério da Defesa israelita.

Os palestinianos conceberam inicialmente a Área C como um território que seria utilizado para o futuro crescimento demográfico e o desenvolvimento económico através da extração de minerais, da utilização de recursos hídricos, do desenvolvimento da agricultura e das pastagens e do turismo. O artigo XXVII do Acordo de Oslo II apoiava estes pontos de vista, estipulando que a Área C deveria ser devolvida progressivamente à Autoridade Palestiniana até 1999 (Acordo Provisório sobre a Cisjordânia e a Faixa de Gaza, 1995). No entanto, o artigo XXVII nunca foi aplicado. A área C continua a estar sob total controlo administrativo e militar israelita.

A Área C é composta por aproximadamente sessenta por cento da Cisjordânia. É constituída por todos os colonatos israelitas e jurisdições associadas, estradas, "áreas militares fechadas", "terras do Estado", o "Muro de Separação" e "reservas naturais" e/ou sítios arqueológicos. (Gabinete de Coordenação dos Assuntos Humanitários das Nações Unidas Territórios Palestinianos Ocupados, 2011) Menos de cinco por cento da população palestiniana vive nesta zona (IBID). A Autoridade Palestiniana apenas fornece serviços de educação e médicos aos palestinianos que vivem na Área C. No entanto, a prestação destes serviços depende da existência de infra-estruturas adequadas fornecidas pelos israelitas. As comunidades palestinianas da zona C têm um acesso limitado à água, ao saneamento e à eletricidade. Os níveis de insegurança alimentar são elevados (Programa Alimentar Mundial, 2014). A construção e o desenvolvimento palestinianos na Área C estão gravemente limitados.

Em 2013, com a realização de uma nova ronda de negociações diretas entre a Palestina e Israel, sob os auspícios do Secretário de Estado dos Estados Unidos, John Kerry, o território conhecido como Vale do Jordão passou para a linha da frente das negociações. O Primeiro-Ministro israelita, Binyamin Netanyahu, defendeu o direito de Israel manter as Forças de Ocupação Israelitas no Vale do Jordão, especificamente, e na Área C, em geral, durante pelo menos dez anos. Pretendia também que Israel continuasse a patrulhar o espaço aéreo da Cisjordânia com drones e sistemas de alerta precoce, 24 horas por dia, 7 dias por semana (Franck, 2014).

Mapa 2: Área C da Cisjordânia - Preocupações humanitárias

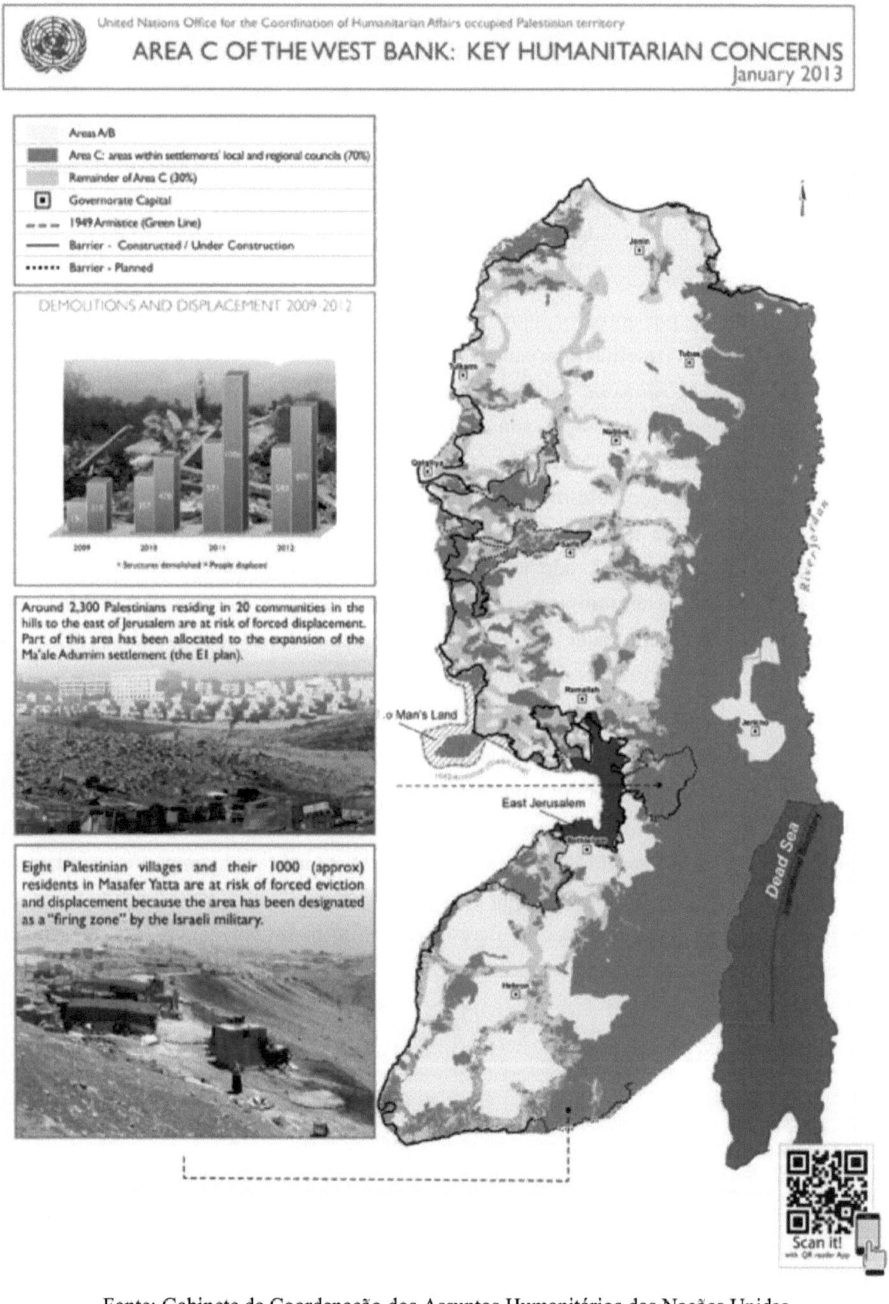

Fonte: Gabinete de Coordenação dos Assuntos Humanitários das Nações Unidas

Capítulo 3. Militarização israelita do Vale do Jordão

Os funcionários palestinianos e as organizações não governamentais têm-se concentrado sobretudo nas questões da expropriação de terras e da exploração da água pelos israelitas no Vale do Jordão. Os dados sugerem que a terra e a água são necessárias para a produção e o desenvolvimento agrícola israelita em grande escala (Gabinete de Coordenação dos Assuntos Humanitários das Nações Unidas nos Territórios Palestinianos Ocupados, 2011). Além disso, a presença da IOF e os exercícios de treino militar associados são vistos como uma forma de expulsar os restantes palestinianos e beduínos do Vale do Jordão, a fim de alargar o controlo israelita total sobre a terra e os seus recursos. No entanto, têm-se registado desenvolvimentos militares significativos no Vale do Jordão sob a capa de "zonas de fogo", "áreas militares fechadas" e bases militares da IOF. Como Benyamin Netanyahu declarou em 2001: "Ninguém disse o que eram zonas militares definidas. As zonas militares definidas são zonas de segurança; no que me diz respeito, todo o Vale do Jordão é uma zona militar definida" (Roshandel & Lean, 2011).

Desde o Acordo Provisório sobre a Cisjordânia e a Faixa de Gaza (1995), noventa e cinco por cento das terras da Área C, incluindo a maior parte do Vale do Jordão, foram consideradas interditas aos palestinianos (Gabinete de Coordenação dos Assuntos Humanitários das Nações Unidas para os Territórios Palestinianos Ocupados, 2011). Cinquenta por cento desta área está atualmente sob o controlo de colonatos israelitas (IBID). Quarenta e cinco por cento são dedicados a uso militar e a "reservas naturais" (IBID). As "zonas militares fechadas" têm sido utilizadas para exercícios de treino militar, bem como um meio de confisco de facto de terras desde 1970 (Badil, 2013, p. 66). A maioria destas zonas militares fechadas situa-se no sul do Vale do Jordão e no sul das Colinas de Hebron. A IOF e a Administração Civil utilizam a Ordem Militar Israelita 1651 para "designar grandes extensões de terra como zonas fechadas sob auspícios como o 'treino militar', justificando esta requisição 'necessária' de terra" (IBID). Nos termos do artigo 318º da Ordem Militar 1651, "o comandante militar tem poderes para declarar que uma área ou local está encerrado (IBID). A Ordem Militar 845 (1980) é utilizada para aplicar sanções a pessoas não autorizadas que entrem nestas zonas sem autorização do Comandante Militar (IBID). Para além das numerosas zonas militares fechadas, existem várias "reservas naturais" no Vale do Jordão. O termo "reserva natural" designa frequentemente terrenos adicionais que estão a ser utilizados como "zona militar fechada".

Mapa 3: Em 18 de janeiro de 2015, as autoridades de ocupação israelitas emitiram a "S/1/99" (Ordem de Alteração n.º 6) (Zona de Tiro 912)", alargando a expropriação de 410.672 dunares de terras como "Zona Militar Fechada" na Área C.

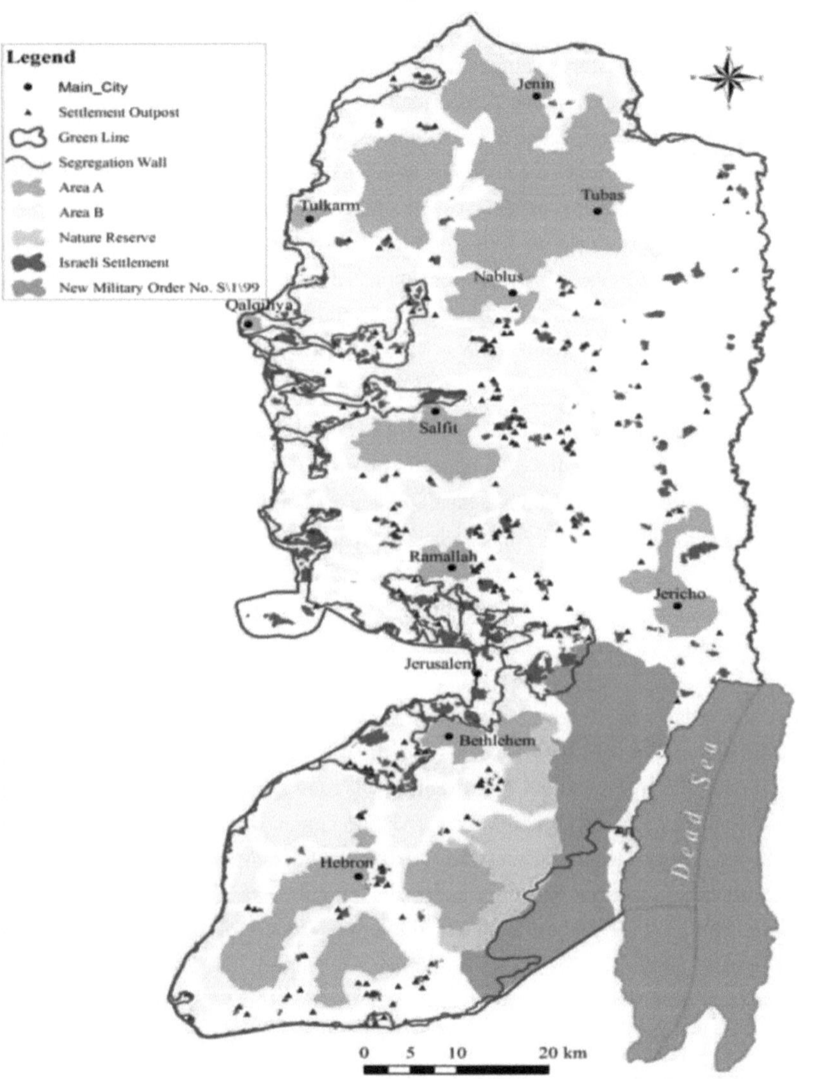

Fonte: Instituto de Investigação Aplicada - Jerusalém

Sabe-se que cerca de vinte bases militares da OIF pontuam a paisagem do Vale do Jordão (IBID). Ninguém sabe ao certo quantas bases militares existem efetivamente nesta zona. Algumas bases militares estão situadas ao longo das principais estradas, enquanto outras estão escondidas da vista. Algumas das bases foram desmanteladas e entregues aos colonos. Outras são mantidas em reserva em caso de emergência. Outras ainda servem de escritórios administrativos para a IOF. Israel é também responsável pela coordenação das missões de treino militar no Vale do Jordão. De facto, o treino militar pode ocorrer em qualquer ponto desta área, independentemente da proximidade de aldeias palestinianas ou beduínas. Embora tenha havido muitas referências a "forças israelitas" no Vale do Jordão, não foram divulgados muitos pormenores sobre a composição das forças israelitas, o seu equipamento e a importância do seu posicionamento no próprio Vale do Jordão.

Então, porque é que o Vale do Jordão tem uma importância tão vital para o Estado de Israel? Israel tem argumentado consistentemente que, devido a "desvantagens numéricas, financeiras e territoriais, os seus planeadores militares têm de assumir que as intenções hostis dos seus inimigos, até à data, foram frustradas pela capacidade de dissuasão de Israel" (Saar, 2001, pp. 6465), uma capacidade baseada na ocupação de terreno estratégico. O território estratégico referido é o Vale do Jordão ou a área que engloba o Vale do Rift do Jordão e o Planalto Judeu-Samariano. Israel argumenta que o Vale do Jordão serve como uma zona tampão que protege as áreas densamente povoadas de Israel localizadas em Telavive e arredores (IBID, p. 72), ao mesmo tempo que defende as suas fronteiras com os Estados árabes (IBID, p. 68).

No entanto, o Vale do Jordão é importante para Israel por outro motivo - tem um imenso valor estratégico militar. As terras altas proporcionam a ocultação de "certos sistemas de armamento, muitos dos quais requerem uma colocação em linha de visão" (IBID, p. 65). Estes sistemas de armas constituem a primeira linha de defesa de Israel contra ataques vindos de leste. Para além dos pontos de observação e controlo, os conjuntos de antenas associados aos sistemas de alerta precoce de Israel estão localizados em numerosas colinas no Vale do Jordão. As terras altas são particularmente importantes para a colocação de sistemas de alerta precoce devido às leis que regem a transmissão da radiação electromagnética. Uma vez que esta viaja em trajectórias rectas, quase todos os sensores e antenas, os elementos primários de muitas das armas sofisticadas, equipamento de comunicações e sistemas de controlo actuais, têm de ser instalados em locais com linha de visão. Os locais ideais em Israel que fornecem plataformas para os conjuntos de antenas e sensores que se tornaram os olhos e os ouvidos dos exércitos modernos estão localizados aqui (IBID, pp. 68-69).

Estas estruturas são essenciais para os mecanismos de lançamento associados aos mísseis terra-ar, aos mísseis anti-balísticos e aos mísseis balísticos intercontinentais de médio alcance, capazes de transportar ogivas nucleares, como os Jericho 2 e 3. A topografia das terras altas também protege grande parte de Israel da vigilância por radar (IBID, p. 72). Faz sentido para Israel armazenar peças de artilharia, lança-foguetes, munições e equipamento de apoio no Vale do Jordão, bem como desenvolver as suas capacidades militares na área.

Capítulo 4. Entrar nos Estados Unidos

O falecido senador republicano Jesse Helms costumava chamar a Israel "o porta-aviões da América no Médio Oriente", ao explicar por que razão os EUA consideravam Israel um aliado estratégico tão importante, dizendo que "a posição militar na região oferecida pelo Estado judaico justificava por si só a ajuda militar que os EUA concedem a Israel todos os anos" (Arutz7 News, 2004).

A história da ajuda militar dos EUA a Israel corrobora certamente a afirmação de Helms. A aliança estratégica com Israel pode ser rastreada até à origem do Estado de Israel em 1948. Durante a Guerra Fria, a URSS e os Estados Unidos utilizaram o Médio Oriente para equilibrar o seu poder, sendo Israel de grande importância para ajudar os Estados Unidos a equilibrarem-se contra a União Soviética. Esta relação foi reforçada pela Doutrina Kennedy de 1962, que promoveu a ideia de que "era mais fácil viver com um Israel que estava a obter os recursos necessários para se defender. Assim, Israel não teria de cometer actos selvagens ou inaceitáveis" (Riviv & Melman, 1994, pp. 94-95). A intenção do Presidente Kennedy era fornecer a Israel armas de uso exclusivamente defensivo. No entanto, a administração Johnson procurou assegurar a superioridade militar de Israel vendendo-lhe armamento ofensivo, como tanques Patton 210M-48, aviões de ataque A-4 Skyhawk e F-4 Phantoms, estabelecendo assim a manutenção da vantagem militar de Israel como um interesse estratégico dos Estados Unidos (Holt, 2014, p. 112).

A aliança estratégica entre Israel e os Estados Unidos foi integrada na Organização do Tratado do Atlântico Norte em 1987. Foi assinado um Memorando de Entendimento entre os Estados Unidos e Israel. Este memorando reconhecia Israel como um aliado não pertencente à Organização do Tratado do Atlântico Norte (NATO), conferindo-lhe os mesmos direitos que os aliados de pleno direito da NATO (Chossudovsky, 2013). Como afirmou Avigdor Lieberman, o Ministro israelita dos Assuntos Estratégicos, "o objetivo diplomático e de segurança de Israel... deve ser claro: aderir à NATO e entrar na União Europeia" (Chossudovsky, 2013). Israel não perdeu tempo a tirar partido do seu novo estatuto. Israel começou imediatamente a participar no "Diálogo Mediterrânico" e a realizar exercícios de treino militar conjuntos com países membros da NATO (Chossudovsky, 2013). Israel também assinou um acordo de segurança conjunta com a NATO em 2001, em resposta aos ataques terroristas de 11 de setembro contra os Estados Unidos.

Desde o Memorando de Wye River (1998), a prestação de serviços a Israel pelo Corpo de Engenheiros do Exército dos EUA (USACE) aumentou significativamente (Mader, 2014). A USACE apoia "a Força Aérea israelita, a Marinha israelita e as Forças de Ocupação israelitas através de projectos como a conceção e construção de hangares, portos, instalações de manutenção, formação militar e infra-estruturas" (USACE Europe District, 2015) através do programa "U.S. Foreign Military Sales". No entanto, na sequência dos ataques de 11 de setembro contra os Estados Unidos, Israel tornou-se muito mais importante como aliado estratégico e de informação para os Estados Unidos, especialmente desde que os EUA lançaram uma invasão do Afeganistão e do Iraque, especificamente, e a "Guerra ao Terror", de uma forma mais geral.

Não só os programas de construção israelitas ocuparam o centro das atenções, como também os programas relacionados com a melhoria da tecnologia de mísseis balísticos de alcance intermédio (IRBM) e com a defesa contra mísseis balísticos. Até à data, o Ministério da Defesa de Israel tornou-se um dos maiores clientes da USACE (IBID). Como resultado do grande número de programas resultantes desta relação, foram criados três escritórios da USACE em Israel. Eis alguns exemplos do trabalho relacionado com a formação e os mísseis realizado em Israel sob os auspícios da USACE.

Em junho de 2007, o Corpo de Engenheiros do Exército dos EUA construiu uma instalação de combate de treino urbano simulado no deserto do Negev, a sul (Forças de Defesa de Israel, 2011). O treino das IOF nestas instalações ocorre frequentemente ao lado dos fuzileiros navais dos EUA. Como comentou o Brigadeiro-General Uzi Moskovich, comandante do Centro Nacional de Treino Terrestre de Israel: "Isto é algo desenvolvido por nós em cooperação com o Exército dos EUA; pretendemos que se torne um valioso centro de conhecimento que também beneficiará os nossos aliados americanos e outros amigos" (IBID). Em agosto desse mesmo ano, Israel recebeu 3 mil milhões de dólares em ajuda militar da administração do Presidente George W. Bush, que se estenderia por um ciclo de dez anos (Ministério dos Negócios Estrangeiros de Israel, 2007).

Em 2008, o USACE construiu a base "Army Navy/Transportable Radar Surveillance" também no deserto do Negev (Vick & Klein, 2012). Ao contrário de outras instalações militares construídas para Israel, esta está estritamente sob o comando dos EUA. Em qualquer altura, cem soldados americanos estão estacionados nesta instalação (IBID). O radar phased array foi concebido para localizar mísseis balísticos através do espaço e fornecer aos mísseis terrestres os dados de mira necessários para os intercetar (IBID).

Em 2012, empreiteiros da U.S. Army Corp of Engineers iniciaram a construção de uma base "secreta" da força aérea, designada "site 911", nos arredores de Telavive, com um custo de 100 milhões de dólares (Congressional Record, 1999). A USACE também supervisionou um projeto de 20 milhões de dólares para construir oficinas de manutenção, hangares e quartéis-generais para apoiar o grande veículo aéreo não tripulado Eitan (IBID) de Israel. Para além das bases militares no "sul de Israel, incluindo a base aérea de Nevatim, os EUA construíram centros de comando, instalações de informação, simuladores e hangares subterrâneos para proteger os aviões a jato de Israel" (Jane's, 2013). Outro esforço secreto de construção entre os Estados Unidos e Israel foi documentado numa revista comercial chamada Engineering in Europe:

A publicação da indústria comercial descreveu a construção pelos EUA de 3 bases militares em Israel, construídas para albergar e apoiar 20.000 tropas. De acordo com a publicação, a Força Aérea Israelita acabou por se mudar para uma das bases depois de o Corpo de Engenheiros do Exército dos EUA ter construído uma pista de 2,5 milhas de comprimento, 100 edifícios e mais de 10 milhas de estradas à volta da área (IBID).

Segundo William M. Arkin, para além das infra-estruturas militares e da venda de armas, os Estados Unidos construíram bases "secretas" do exército americano em Israel. De acordo com Larkin, uma instalação está localizada "no Aeroporto Ben Gurion e outra em Herzliya Pituah". (Arutz Sheva7, 2004) Arkin revela que as bases, chamadas Sites 51, 53, 54, 55 e 56 não aparecem em nenhum mapa e as suas localizações específicas são confidenciais e altamente sensíveis. Foi nesses locais que os Estados Unidos "pré-posicionaram" veículos, equipamento militar, até mesmo um hospital com 500 camas, para os fuzileiros navais americanos, forças especiais e aviões de caça e bombardeiros da Força Aérea em pelo menos seis locais em Israel, tudo parte do que é descrito de forma anti-séptica como "cooperação estratégica EUA-Israel". (IBID) Arkin afirma que o equipamento nestas instalações é propriedade dos Estados Unidos e destina-se a ser utilizado pelas forças armadas americanas. No entanto, o equipamento poderia ser transferido para Israel em tempo de crise ao abrigo da "Lei de Assistência Estrangeira" numa declaração de DEFCON 2, e ao abrigo de memorandos de acordo existentes entre países (IBID).

Os Estados Unidos e Israel têm também uma longa história de exercícios conjuntos de treino militar, especialmente na área do treino de mísseis balísticos e anti-balísticos (Hunt, 2005). Alguns dos mais notáveis exercícios conjuntos de treino de mísseis incluem os bienais "Juniper Cobra" e "Austere Challenge". Os exercícios "Juniper Cobra" começaram em 2005, tendo o exercício mais recente sido realizado em maio de 2014. Estes exercícios conjuntos apoiam a formação contínua em interceptores de mísseis antibalísticos (Arrow, Arrow II e Arrow III), defesa antimíssil Patriot, Iron Dome e sistema David's Sling (IBID).

"Austere Challenge" (outubro de 2012) envolveu o treino em defesa antimíssil envolvendo os Estados Unidos, a Alemanha, Israel e a Grã-Bretanha (IBID). Em conversas com soldados americanos que se deslocaram a Israel para exercícios militares conjuntos, o autor confirmou que o treino ao lado das Forças de Ocupação Israelitas não se limita a Israel propriamente dito. Os soldados afirmam ter participado em exercícios militares também no Vale do Jordão/Área C. Os beduínos que vivem em "zonas militares fechadas" confirmaram independentemente estas afirmações ao autor durante entrevistas.

Mais recentemente, em fevereiro de 2014, foi revelado que os EUA estabeleceram uma instalação secreta de satélites da Agência de Segurança Nacional no Monte Scopus, na Jerusalém Oriental ocupada (Silverstein, 2014). A instalação está localizada dentro de uma base SIGINT israelita chamada Ofrit, que intercepta telecomunicações em toda a Cisjordânia

(IBID). De acordo com Silverstein, em 1968, a Agência de Segurança Nacional dos Estados Unidos e a Unidade Nacional SIGNIT israelita assinaram o seu primeiro acordo formal de partilha de informações. Desde então, a relação entre os serviços secretos evoluiu para uma "relação técnica e analítica de grande alcance com a Unidade Nacional SIGNIT israelita", os serviços secretos de defesa israelitas e a Mossad (Privacy International). As informações recolhidas em Israel são transmitidas à aliança "Five Eyes" pela Agência de Segurança Nacional. A aliança "Cinco Olhos" é um acordo secreto de vigilância global de Estados composto pela Agência de Segurança Nacional dos Estados Unidos (NSA), o Quartel-General de Comunicações do Governo do Reino Unido (GCHQ), o Estabelecimento de Segurança das Comunicações do Canadá (CSEC), a Direção Australiana de Sinais (ASD) e o Gabinete de Segurança das Comunicações do Governo da Nova Zelândia (GCSB) (IBID). Ao cooperar com os Estados Unidos, Israel tem colhido enormes benefícios, incluindo o acesso a informações recolhidas através da aliança "Five Eye", fazendo de Israel um "Sixth Eye" de facto (Silverstein, 2014).

Em setembro de 2011, a Agência de Segurança Nacional e o Governo de Israel, reforçando e aprofundando a relação de partilha de informações, assinaram um importante "Memorando de Acordo". O "Assurance/Computer Network Defense Collaboration" (Colaboração em matéria de garantia/defesa de redes informáticas) estabelece o quadro para um empreendimento de cooperação em matéria de ciberameaças provenientes do Irão, do Hezbollah, do Egito, dos movimentos de combatentes estrangeiros da Síria, bem como da China e da Rússia (Agência de Segurança Nacional/Serviço Central de Segurança). E não esqueçamos os palestinianos. Os palestinianos são um dos principais alvos dos esforços de recolha de informações de Israel e dos EUA. (Greenwald, 2014)

Para apoiar ainda mais esta aliança estratégica, os EUA criaram a instalação secreta de satélites da Agência de Segurança Nacional (NSA) no Monte Scopus, em Jerusalém Oriental ocupada (Silverstein, 2014). Esta instalação monitoriza todos os satélites dos EUA como parte da aliança de inteligência "Five Eyes". A instalação está localizada na Rua Martin Buber, perto do campus da Universidade Hebraica no Monte Scopus. Sendo um dos pontos mais altos de Jerusalém, com cerca de 2.100 pés, esta localização é ideal para receber e transmitir sinais para os satélites espaciais dos EUA. Além disso, a instalação está localizada na base SIGINT da Força de Defesa Israelita, Ofrit. Esta base SIGNIT intercepta as telecomunicações de toda a Cisjordânia. No entanto, há um problema importante com o estabelecimento desta instalação - o Monte Scopus faz parte da Jerusalém Oriental ocupada por Israel (ver Fotografia 2). Por outras palavras, a instalação de recolha de informações da Agência de Segurança Nacional está localizada do outro lado da Linha Verde, em território palestiniano ocupado.

A aliança de recolha de informações entre a Agência de Segurança Nacional e o governo de Israel, para além da colocação desta instalação secreta em território palestiniano ocupado, não só reforça a relação de "Estado cliente" entre os EUA e Israel, como serve de forma de "ocupação através da coligação".

Além disso, esta cooperação sem precedentes levou alguns membros da comunidade internacional a questionar se os EUA estão diretamente envolvidos na ocupação transformadora dos territórios palestinianos ocupados. De acordo com o Comité Internacional da Cruz Vermelha, o conceito de ocupação transformadora foi definido como uma operação cujo principal objetivo era reformular a estrutura institucional e política do território ocupado, muitas vezes para o tornar de acordo com as preferências da potência ocupante. Foi acordado que tal ocupação não tinha qualquer base

Fotografia 1: Instalação secreta da Agência de Segurança Nacional dos EUA no Monte Scopus, Jerusalém Oriental ocupada (Silverstein)

Fotografia 2: Imagem de satélite da base secreta de satélites da NSA em Jerusalém Oriental ocupada (Silverstein)

no âmbito do DIH atual, nomeadamente porque o carácter transitório dos direitos e deveres que recaem sobre o administrador estrangeiro impede que se proceda a alterações definitivas e em larga escala na estrutura institucional do território ocupado (Ferraro, 2014).

Além disso, como "Alta Parte Contratante", os Estados Unidos são obrigados a defender os artigos da Quarta Convenção de Genebra e a insistir para que outras partes da convenção façam o mesmo. Os seguintes artigos da Quarta Convenção de Genebra são particularmente relevantes: Artigo 1º: "As Altas Partes Contratantes comprometem-se a respeitar e a fazer respeitar a presente Convenção em todas as circunstâncias" (Quarta Convenção de Genebra Relativa à Proteção das Pessoas Civis em Tempo de Guerra, (1949); Artigo 2º: "A Convenção aplica-se igualmente a todos os casos de ocupação parcial ou total do território de uma Alta Parte Contratante, mesmo que a referida ocupação não encontre resistência armada" (IBID); e o artigo 7.º, que insiste que as Altas Partes Contratantes não podem celebrar um acordo especial que afecte negativamente "a situação das pessoas protegidas, tal como definidas pela presente Convenção, nem restringir os direitos que ela lhes confere" (IBID). Ao tirar partido e contribuir para a ocupação israelita dos territórios palestinianos para os seus próprios fins estratégicos, ao mesmo tempo que protege Israel das suas obrigações ao abrigo da Quarta Convenção de Genebra, os Estados Unidos violam gravemente esta convenção.

É evidente que os Estados Unidos não são uma parte neutra neste conflito. Por conseguinte, há uma questão muito importante que merece ser analisada: Deverão os EUA servir de mediadores de paz no conflito israelo-palestiniano? Certamente que não, os únicos interesses que servem são os seus próprios. Como observa Silverstein: "Nunca ouvi falar de uma instalação dos serviços secretos americanos alojada numa base militar israelita. Este facto evidencia ainda mais a pouca separação que existe atualmente entre as operações dos serviços secretos israelitas e americanos, bem como a vontade dos EUA de estabelecer bases em território ocupado (IBID).

A relação militar entre os Estados Unidos e Israel é "a relação bilateral mais extensa do mundo" (Holt, 2014, p. 112). Desde 1949, os Estados Unidos investiram mais de 83 mil milhões de dólares no sector militar de Israel, quarenta por cento dos quais na última década (Sharp, 2013, p. 6). As iniciativas conjuntas de investigação e desenvolvimento dos EUA e de Israel produziram sistemas de armamento de ponta, incluindo sistemas de defesa contra mísseis e foguetes de várias camadas. Israel também tirou partido do Programa de Excesso de Artigos de Defesa (EDA) do Departamento de Defesa dos EUA. Através deste programa, mais de 330 milhões de dólares em materiais foram transferidos desde 2001 para as Forças de Ocupação Israelitas (IBID). O "stock de emergência de armas dos EUA ou o War Reserves Stock Allies - Israel (WRSA-I) é o armazenamento físico de armamento dos EUA em Israel". Estes materiais podem ser libertados ou vendidos às Forças de Ocupação Israelitas se tal for autorizado pelo Presidente em tempo de guerra (IBID). Além disso, a investigação e o desenvolvimento na área do desenvolvimento de mísseis entre os Estados Unidos e Israel disparou desde 2000. Israel tem vários fabricantes de mísseis e peças de mísseis no território dos EUA. Estes fabricantes incluem, entre outros, os seguintes: AccuBeat, TowerJazz, IMCO, e Plasan Sasa (End the Occupation, 2015, Israeli Weapons Makers in the U.S.). Os fabricantes de mísseis dos EUA localizados em Israel incluem, mas não se limitam a: Lockheed, Raytheon, e CMC-USA (End the Occupation, 2015, US Weapons Makers in Israel). Estas empresas norte-americanas colaboram com fabricantes de mísseis israelitas: Elisra Group, Israel Aerospace Industries e Rafael Advance Defense Systems (IBID).

Como o Apêndice 1: Ajuda Externa dos EUA a Israel (1949-2014) confirma, a aliança israelita com os Estados Unidos é reforçada pela extensa ajuda externa prestada a Israel pelos Estados Unidos, especialmente no domínio militar. A ajuda militar e económica provém de uma combinação de subvenções e empréstimos dos EUA. A ajuda à reinstalação destina-se a financiar o transporte e a instalação de imigrantes judeus em Israel. As escolas e hospitais americanos em Israel recebem assistência dos EUA através da ajuda das Escolas e Hospitais Americanos no Estrangeiro (ASHA). A assistência estrangeira adicional é prestada através da ajuda bancária e da ajuda à habitação e ao desenvolvimento. Isto inclui 1,92 mil milhões de dólares em assistência militar regular e outros 1,2 mil milhões de dólares para a implementação do Acordo de Wye (Zanotti, 2014). Algumas garantias de empréstimo e financiamento para projectos adicionais não são considerados ajuda externa pelo Serviço de

Estudos do Congresso e, portanto, não estão incluídos nestes dados. Isto inclui mais 7,9 mil milhões de dólares em garantias de empréstimos e projectos como o desenvolvimento do míssil Arrow, que representa mais 180 milhões de dólares (IBID).

Mísseis balísticos no Vale do Jordão?

As preocupações de segurança de Israel têm sido exacerbadas pela atual proliferação de mísseis na região. Em março de 2003, o "The Jerusalem Center for Public Affairs" previu que as ameaças de mísseis a Israel se estenderiam para além do Iraque (Rubin, 2003). Atualmente, o Irão, o Líbano, a Síria, a Arábia Saudita e a Líbia representam ameaças de mísseis para Israel (Rubin, 2003). Em resposta à crescente interdependência das necessidades de segurança entre os Estados Unidos e Israel, os Estados Unidos adoptaram a legislação H.R. 7177 The Naval Transport Act (2008) que assegura a "vantagem militar qualitativa (QME)" de Israel (Shapiro, 2011). A legislação prevê "a capacidade de Israel para contrariar e derrotar ameaças militares credíveis de qualquer Estado individual, coligação de Estados ou ator não estatal, sofrendo o mínimo de danos ou baixas" (IBID). O instrumento utilizado pelos Estados Unidos para garantir a vantagem militar qualitativa de Israel é a assistência em matéria de segurança. Durante cerca de três décadas, Israel tem sido o principal beneficiário da assistência à segurança dos EUA através do programa de Financiamento Militar Estrangeiro, ou FMF. Atualmente, Israel recebe 3 mil milhões de dólares por ano em financiamento dos EUA para formação e equipamento ao abrigo do FMF. Para colocar isto em perspetiva, a conta total do FMF é de cerca de 5,5 mil milhões de dólares anuais e é distribuída por cerca de 70 países. Por isso, é uma prova da nossa relação especial de segurança o facto de, todos os anos, Israel ser responsável por 60% dos fundos de assistência à segurança dos EUA distribuídos através do FMF (IBID).

O H.R. 4310 National Defense Authorization Act for Fiscal Year (2013) foi promulgado pelos Estados Unidos a 1 de janeiro de 2013. Esta legislação "insta o Departamento de Defesa e o Departamento de Estado a explorar com os seus homólogos israelitas e a alertar o Congresso sobre quaisquer requisitos que a Força de Ocupação Israelita possa ter para baterias, interceptores ou outros equipamentos adicionais do Iron Dome" (Sharpe, 2015).

As crescentes ameaças a Israel, combinadas com a necessidade de vantagem estratégica na região por parte dos EUA, só podem significar uma coisa - a crescente militarização de Israel e dos territórios palestinianos ocupados. Embora a militarização do Vale do Jordão sirva o objetivo de expropriar terras aos palestinianos, a militarização tem uma função mais importante. O valor estratégico militar, discutido noutro ponto deste documento, proporciona a Israel uma vantagem militar contra os seus vizinhos árabes e, por isso, é particularmente atrativo para a colocação de mísseis balísticos. Para explorar esta possibilidade, o autor obteve, em dezembro de 2014, imagens de satélite do Google Earth para vários locais específicos situados na parte sudeste do Vale do Jordão. Estas imagens de satélite abrangem o período de 1999-2012. Os seguintes locais são aqui incluídos devido às implicações militares para Israel, os Estados Unidos e a região.

SITE 1

O Sítio 1 situa-se na Latitude 31° 27' 12,91" N e na Longitude 35° 15' 46,25" E. As imagens de satélite do Sítio 1, em 1999, não revelaram quaisquer indícios de construção, para além do que parece ser a existência de estradas. Os primeiros indícios de construção militar surgem em 2001. Como revelado nesta imagem, dois silos de defesa contra mísseis balísticos e dois lançadores de mísseis estão presentes no local. Os objectos identificados na imagem de 2001 são ainda identificáveis na imagem de satélite de 2003.

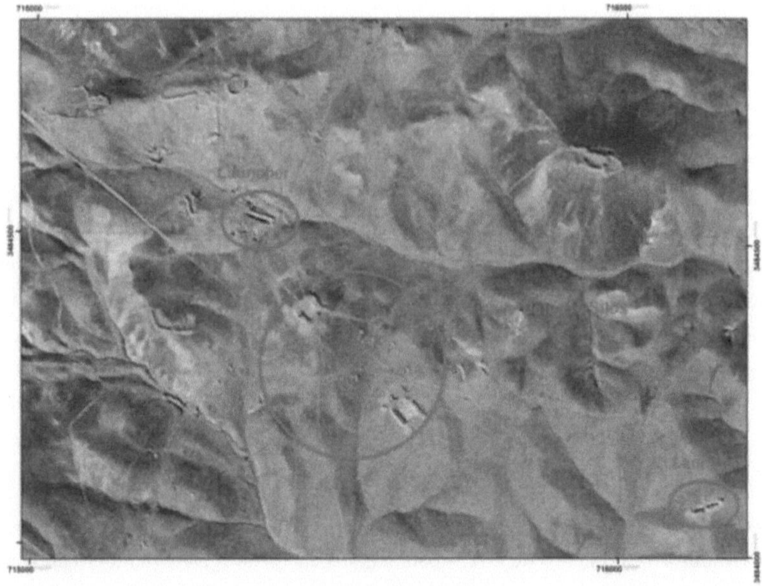

SITE 1 em 2001

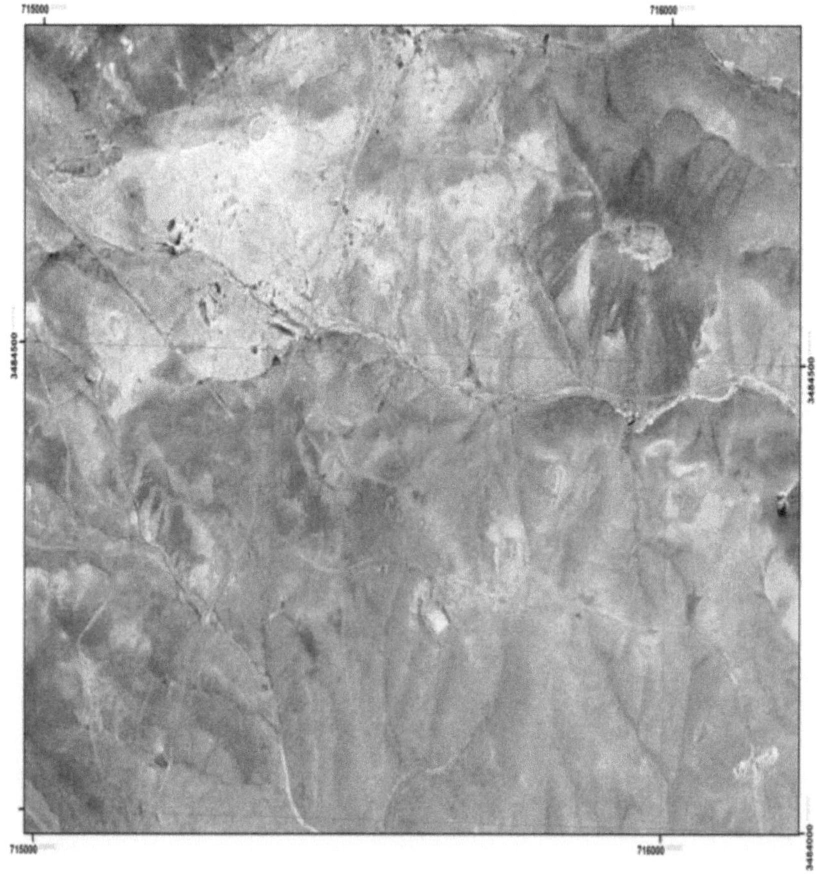

SITE 1 em 2003

No entanto, de 2004 a 2012, este sítio foi censurado devido a potenciais preocupações com a segurança nacional de Israel e dos Estados Unidos. Ironicamente, quando se tem acesso a imagens anteriores à utilização da camuflagem para censurar objectos, a camuflagem serve para identificar melhor as estruturas que são importantes para a segurança nacional.

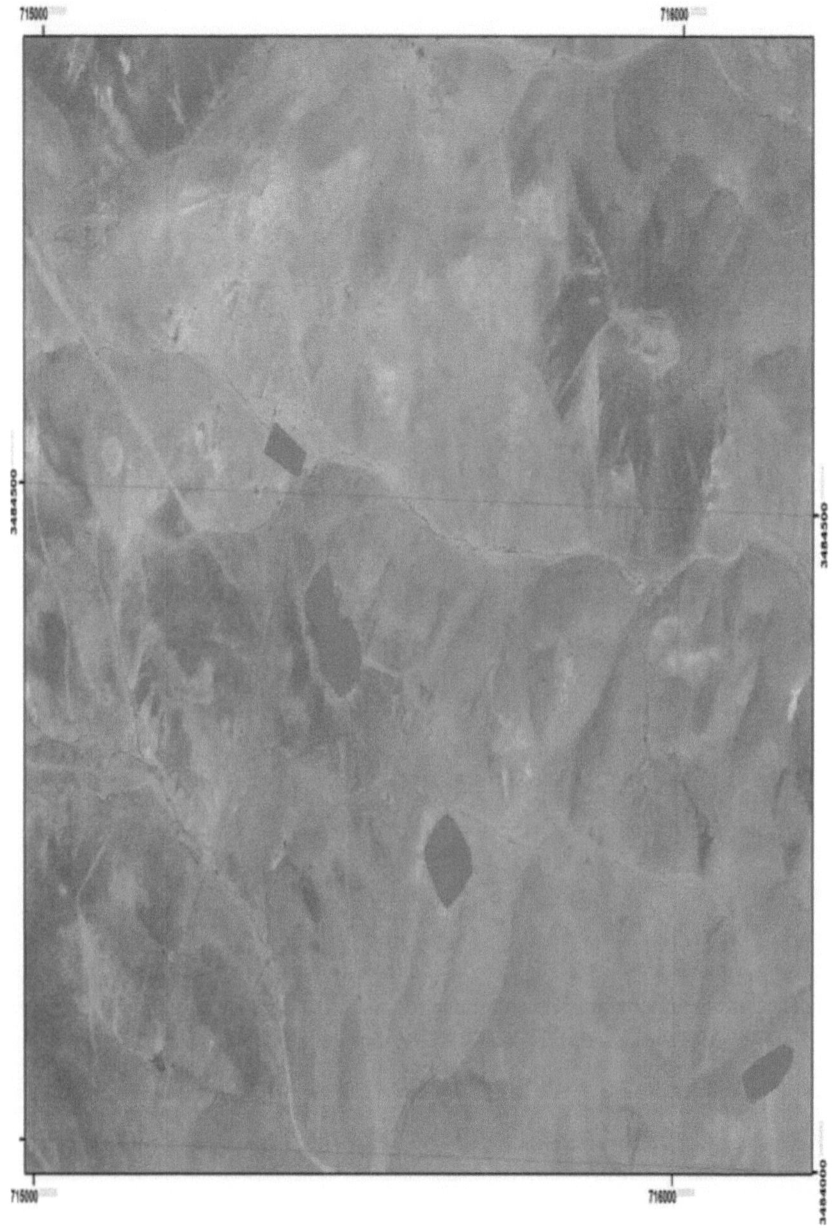

SITE 1 em 2004

SITE 2

O LOCAL 2 está situado a 31° 33' 07,09" de latitude norte e 35° 20' 15,75" de longitude leste.

Em 1999, as imagens de satélite não mostravam indícios de construção neste local. No entanto, em 2001, a construção de uma base militar, de silos de mísseis balísticos e de armazéns de armas estava concluída. Parece razoável concluir que a USACE é responsável pela construção destas instalações, dado o seu historial de construção semelhante em Israel. As escotilhas dos silos de defesa contra mísseis balísticos localizados no canto inferior esquerdo da imagem de satélite estão claramente abertas, expondo as pontas dos mísseis. O silo IRBM localizado no lado esquerdo da imagem também parece ter pontas de mísseis identificáveis. Veículos e edifícios estão claramente presentes na base militar localizada acima dos referidos silos.

SITE 2 em 2001

Nas imagens de satélite de 2007, a base militar parece ter sido desocupada.

Não parece estar presente qualquer tipo de veículo. No entanto, como referido noutro ponto deste documento, Israel mantém frequentemente as suas bases militares "em reserva" para utilização em tempos de crise. A ausência de atividade na base militar não deve ser equiparada a silos desarmados ou instalações de armazenamento vazias. Os silos de mísseis ainda podem ser claramente identificados com as escotilhas em posição fechada.

SITE 2 em 2007

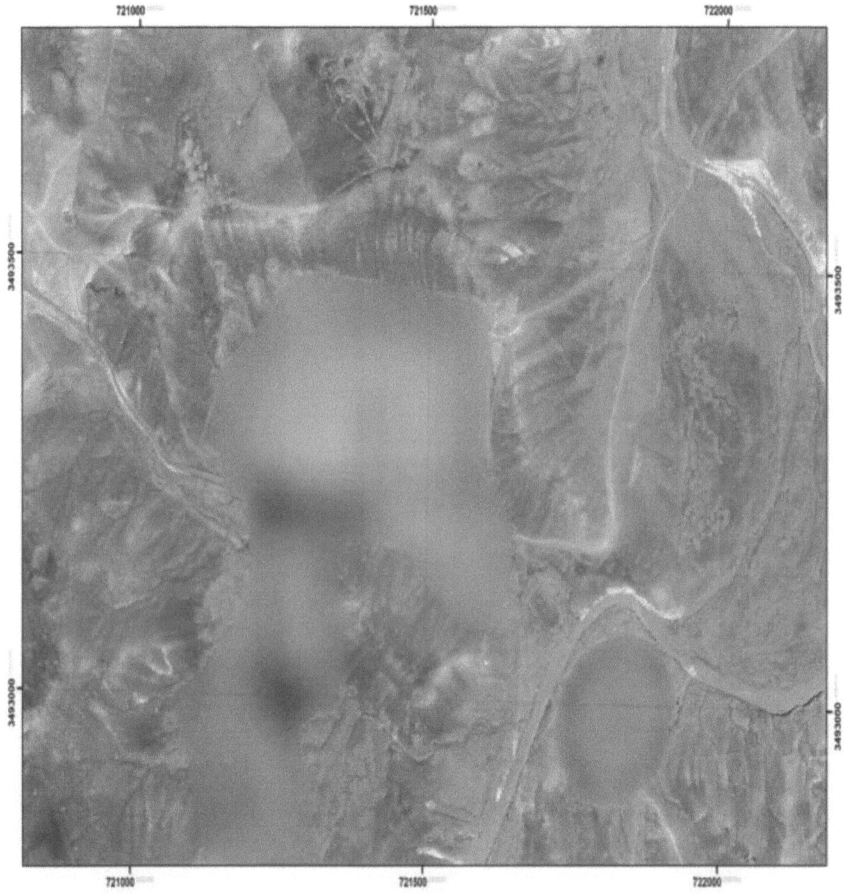

SITE 2 em 2012

SITE 3

O SÍTIO 3 está situado a 31° 31' 50,57" de latitude norte e 35° 16' 42,04" de longitude leste. A construção inicial deste sítio militar começou em 2001, segundo as imagens de satélite. É facilmente visível um sistema de estradas e fundações de edifícios. As imagens de 2003 revelam poucos avanços na construção associada a este sítio. No entanto, em 2007, as imagens de satélite revelam uma base militar quase completa com silos de defesa contra mísseis balísticos associados e um centro de comando. A construção deste local reflecte mais uma vez o trabalho realizado pela USACE em Israel. Como referido noutro ponto deste documento, a USACE tem sido responsável pela construção de bases militares israelitas e instalações de armas nucleares associadas desde o Acordo de Wye em 1998. A partir de 2008, este sítio em particular foi vítima de censura associada a preocupações de segurança nacional.

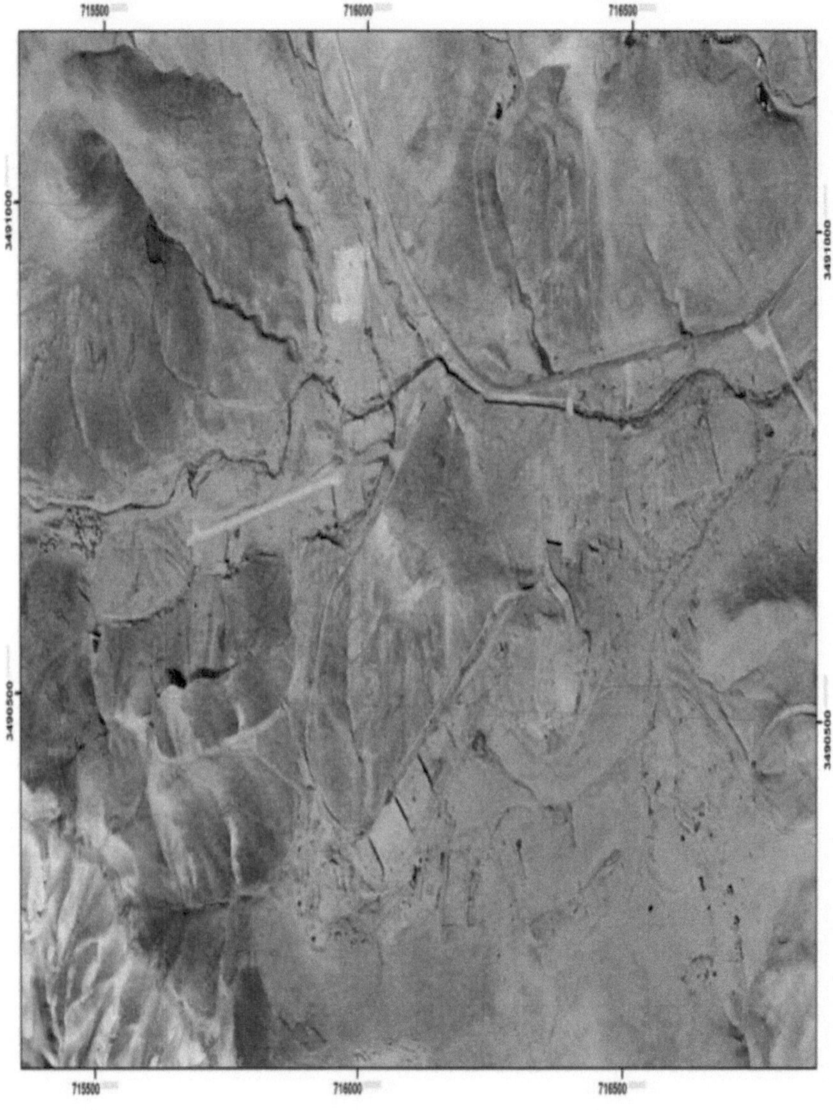

SITE 3 em 2001

SITE 3 em 2007

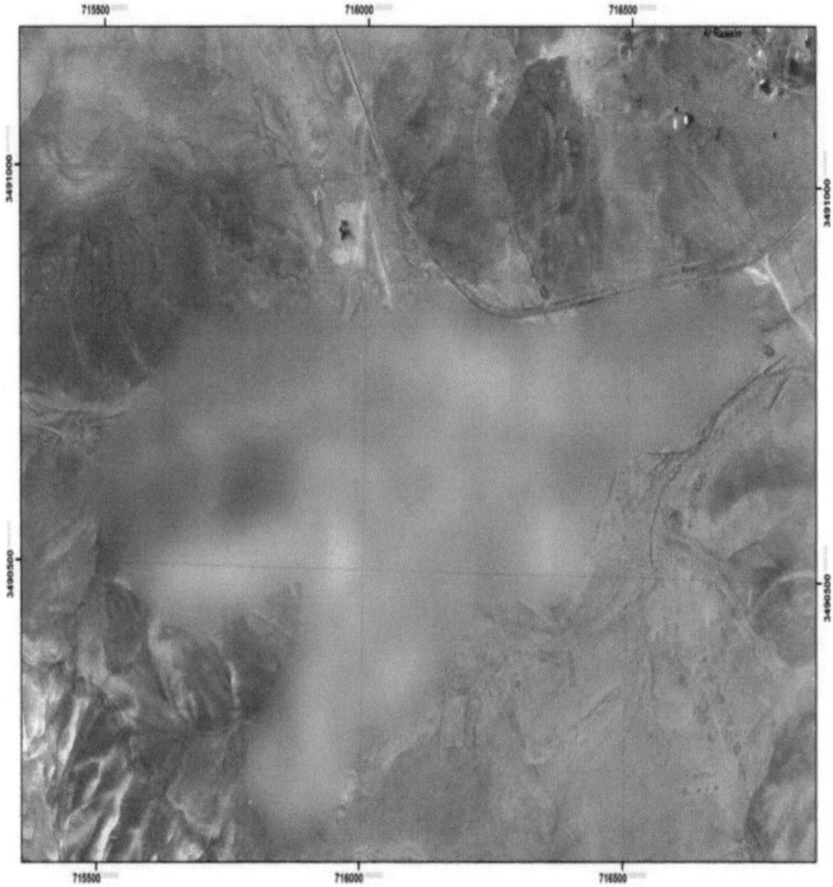

SITE 3 em 2012

Capítulo 5. Direito internacional

Ao abrigo do direito internacional, Israel é considerado um "ocupante" do território palestiniano. A ocupação é o "controlo provisório efetivo de uma determinada potência sobre um território que não se encontra sob a soberania formal dessa entidade, sem a vontade do verdadeiro soberano" (Roberts, 1990, p. 47). Os artigos 42º-56º do Regulamento de Haia de 1907 e a Secção IV da CG, os artigos 27º-34º e 47º-78º da Quarta Convenção de Genebra, para além das disposições do Protocolo Adicional I e do direito internacional humanitário consuetudinário, definem os deveres e as responsabilidades de uma potência ocupante (ver Anexo 2 para mais informações sobre o direito internacional). As principais regras do direito aplicável em caso de ocupação israelita são as seguintes

- O ocupante não adquire a soberania sobre o território.
- A ocupação é apenas uma situação temporária e os direitos do ocupante estão limitados à duração desse período.
- A potência ocupante deve respeitar as leis em vigor no território ocupado, exceto se estas constituírem uma ameaça à sua segurança ou um obstáculo à aplicação do direito internacional de ocupação.
- A potência ocupante deve tomar medidas para restabelecer e garantir, na medida do possível, a ordem e a segurança públicas.
- A potência ocupante deve assegurar, na medida dos meios de que dispõe, normas suficientes de higiene e de saúde pública, bem como o fornecimento de alimentos e de cuidados médicos à população sob ocupação.
- A população dos territórios ocupados não pode ser obrigada a alistar-se nas forças armadas do ocupante.
- São proibidas as transferências colectivas ou individuais forçadas de população a partir do território ocupado e no seu interior.
- São proibidas as transferências da população civil da potência ocupante para o território ocupado, independentemente de serem forçadas ou voluntárias.
- São proibidas as punições colectivas.
- É proibida a tomada de reféns.
- São proibidas as represálias contra as pessoas protegidas ou os seus bens.
- É proibida a confiscação de bens privados pelo ocupante.
- É proibida a destruição ou a apreensão de bens do inimigo, exceto se tal for absolutamente exigido por necessidades militares durante a condução das hostilidades.

- Os bens culturais devem ser respeitados.

- As pessoas acusadas de infracções penais devem ser objeto de um processo que respeite as garantias judiciais internacionalmente reconhecidas (por exemplo, devem ser informadas do motivo da sua detenção, acusadas de uma infração específica e ter um julgamento justo o mais rapidamente possível).

- O pessoal do Movimento Internacional da Cruz Vermelha/Crescente Vermelho deve ser autorizado a exercer as suas actividades humanitárias. O CICV, em particular, deve ter acesso a todas as pessoas protegidas, onde quer que se encontrem, quer estejam ou não privadas de liberdade. (Comité Internacional da Cruz Vermelha, 2004)

É evidente que a transferência forçada de populações de palestinianos e beduínos do Vale do Jordão e a transformação de terrenos privados para fins militares, incluindo a instalação de mísseis balísticos, são contrárias ao direito internacional (Dugard, 2007, p. 3). Os Estados Unidos estão a violar as leis internacionais de ocupação através da prestação de serviços da USACE a Israel em território sob ocupação. No entanto, tanto Israel como os Estados Unidos ignoram sistematicamente o direito internacional quando este não é do seu interesse. Este facto não é novo. No entanto, "a adesão americana às normas do direito internacional começou a desviar-se após o 11/9. Os Estados Unidos começaram a violar as leis que tinham ajudado a estabelecer. Benjamin Netanyahu reforçou este tipo de violação" (Gresh, 2012). Com a impunidade do direito internacional, Israel e os Estados Unidos não mudarão o seu comportamento no que respeita à militarização do Vale do Jordão. Assim que os Estados árabes vizinhos tomarem conhecimento da instalação de mísseis balísticos no Vale do Jordão, para além do facto de estes mísseis permitirem a Israel adquirir superioridade ofensiva e defensiva, só se pode concluir que surgirá um novo dilema de segurança na região, um dilema de segurança que envolve a proliferação desenfreada de mísseis.

Conclusão

Como escreve Jo Jakobson:

Israel não confia em ninguém. São cépticos em relação às intenções dos outros Estados, o que é, em grande parte, um legado óbvio da Segunda Guerra Mundial e das suas consequências imediatas. Claro que é um dado adquirido que Israel é cético em relação aos seus vizinhos árabes (com quem travou muitas guerras) e aos palestinianos, e que as suas estratégias de segurança e as suas políticas externas (e internas) reflectem precisamente este facto... O apoio de Washington a Israel é bastante firme, isso é verdade (Jakobson, 2012).

A sobrevivência e a segurança constituem a totalidade da política interna e externa de Israel. A sobrevivência do Estado tem sido uma questão muito real para Israel há mais de sessenta anos. As numerosas guerras com os seus "vizinhos árabes apenas reforçaram e contribuíram para legitimar o estatuto autodeclarado de Israel como uma nação sob cerco permanente" (Jakobson, 2012). À luz de uma gama cada vez maior de ameaças a Israel por parte dos seus vizinhos e da crescente interdependência da aliança estratégica entre os Estados Unidos e Israel, não é surpreendente que o Vale do Jordão se tenha tornado o local de uma proliferação militar intensificada. Os israelitas insistem que o rio Jordão deve ser a base de uma "primeira linha de defesa contra ameaças que possam um dia surgir a leste do rio" (Eisenstadt & Satloff, 2014). Insistem em manter estações de alerta precoce nas colinas estratégicas da Cisjordânia e no controlo do espetro eletromagnético nos territórios palestinianos (Eisenstadt & Satloff, 2014).

A política de defesa de Israel sempre se centrou na manutenção de fronteiras defensáveis. A política externa dos Estados Unidos consiste em utilizar Israel como uma "base" avançada para a sua "Guerra contra o Terror". Na perspetiva dos Estados Unidos e de Israel, é importante que estes aliados estratégicos concebam uma política de defesa que tenha em conta as incertezas que enfrentam com os países do Médio Oriente. A colocação de mísseis balísticos que podem transportar ogivas nucleares no vale do Jordão sublinha a importância de Israel preservar o princípio de se defender por todos os meios necessários. Dadas as vantagens estratégicas do Vale do Jordão, a colocação de silos de defesa contra mísseis balísticos, lançadores de mísseis e instalações de armazenamento de armas faz sentido para Israel e para os Estados Unidos. Israel não tem intenção de chegar a qualquer acordo com os palestinianos. Através da atividade de colonização, da confiscação de terras, do racionamento de água, da destruição de olivais e de outras formas de agricultura palestiniana, do estabelecimento de grandes zonas militares interditas, de viagens e de outras medidas restritivas que encorajam a emigração, Israel pretende reduzir a população palestiniana a um ponto em que esta possa ser absorvida pelo Grande Israel, como uma minoria permanente. Gaza é deixada de fora deste cálculo e tornar-se-á uma prisão perpétua, presa entre Israel e o Egito. Os 1,5 milhões de refugiados palestinianos espalhados por 58 campos de refugiados em 5 países ou jurisdições não têm lugar no novo Israel (United Nations Relief and Works Agency for Palestine Refugees in the Near East, 2015). A única coisa ausente do seu cálculo de segurança é o dilema de segurança que Israel desencadeou no Médio Oriente com as bênçãos dos Estados Unidos.

Apêndice 1: Ajuda externa dos EUA a Israel em milhões (1949-2014)

Ano	Militar	Económico	Reinstalação	ASHA	Outros	Totais anuais
1949					100.0	100,0 milhões de dólares
1950						
1951		0.1			35.0	35,1 milhões de dólares
1952		63.7			22.7	86,4 milhões de dólares
1953		73.6				73,6 milhões de dólares
1954		54.0			20.7	74,7 milhões de dólares
1955		41.5			11.2	52,7 milhões de dólares
1956		24.0			26.8	50,8 milhões de dólares
1957		26.8			14.1	40,9 milhões de dólares
1958		24.0			61.4	85,4 milhões de dólares
1959	0.4	19.2			33.7	53,3 milhões de dólares
1960	0.5	23.9			31.8	56,2 milhões de dólares
1961		24.5			53.4	77,9 milhões de dólares
1962	13.2	45.4			34.8	93,4 milhões de dólares
1963	13.3	45.0			29.6	87,9 milhões de dólares
1964		20.0			17.0	37,0 milhões de dólares
1965	12.9	20.0			32.2	65,1 milhões de dólares
1966	90.0	10.0			26.8	126,8 milhões de dólares
1967	7.0	5.5		1.0	10.2	23,7 milhões de dólares
1968	25.0			6.0	75.5	106,5 milhões de dólares
1969	85.0				75.3	160,3 milhões de

						dólares
1970	30.0			12.5	51.1	93,6 milhões de dólares
1971	545.0			2.5	86.8	634,3 milhões de dólares
1972	300.0	50.0		5.6	125.3	480,9 milhões de dólares
1973	307.5	50.0	50.0	4.4	80.9	492,8 milhões de dólares
1974	2,482.7	50.0	36.5	3.3	73.8	2.646,3 milhões de dólares
1975	300.0	344.5	40.0	2.5	116.0	803,0 milhões de dólares
1976	1,500.0	700.0	15.0	3.6	144.5	2.363,1 milhões de dólares
1977	200.0	735.0	15.0	4.6	32.9	978,5 milhões de dólares
1978	1,000.0	785.0	20.0	5.4	12.4	1.822,8 milhões de dólares
1979	1,000.0	785.0	25.0	4.2	98.8	1.913,0 milhões de dólares
1980	4,000.0	785.0	25.0	4.1	331.9	5.146,0 milhões de dólares
1981	1,000.0	764.0	25.0	2.0	222.4	2.013,4 milhões de dólares
1982	1,400.0	806.0	12.5	3.0	29.0	2.250,5 milhões de dólares
1983	1,400.0	785.0	12.5	3.1	5.0	2.205,6 milhões de dólares
1984	1,700.0	910.0	12.5	4.1	5.0	2.631,6 milhões de dólares
1985	1,700.0	1,950.0	15.0	4.7	7.0	3.676,7 milhões de dólares
1986	1,722.6	1,898.4	12.0	5.5	25.0	3.663,5 milhões de dólares
1987	1,800.0	1,200.0	25.0	5.2	10.0	3.040,2 milhões de dólares
1988	1,800.0	1,200.0	25.0	4.9	13.5	3.043,4 milhões de dólares
1989	1,800.0	1,200.0	28.0	6.9	10.7	3.045,6 milhões de dólares
1990	1,792.3	1,194.8	29.9	3.5	414.4	3.434,9 milhões de dólares

1991	1,800.0	1,850.0	45.0	2.6	14.7	3.712,3 milhões de dólares
1992	1,800.0	1,200.0	80.0	3.5	16.5	3.100,0 milhões de dólares
1993	1,800.0	1,200.0	80.0	2.5	20.9	3.103,4 milhões de dólares
1994	1,800.0	1,200.0	80.0	2.7	14.5	3.097,2 milhões de dólares
1995	1,800.0	1,200.0	80.0	2.9	19.5	3.102,4 milhões de dólares
1996	1,800.0	1,200.0	80.0	3.3	64.0	3.147,3 milhões de dólares
1997	1,800.0	1,200.0	80.0	2.1	50.0	3.132,1 milhões de dólares
1998	1,800.0	1,200.0	80.0			3.080,0 milhões de dólares
1999	1,860.0	1,080.0	70.0			US$ 3.010,0 milhões
2000	3,120.0	949.1	60.0	2.8		4.132,0 milhões de dólares
2001	1,975.6	838.2	60.0	2.3		2.876,1 milhões de dólares
2002	2,040.0	720.0	60.0	2.7	28.0	2.850,7 milhões de dólares
2003	3,086.4	596.1	59.6	3.1		3.745,2 milhões de dólares
2004	2,147.3	477.2	49.7	3.2	9.9	2.687,3 milhões de dólares
2005	2,202.2	357.0	50.0	3.0		2.612,2 milhões de dólares
2006	2,257.0	237.0	40.0		0.5	2.534,5 milhões de dólares
2007	2,340.0	120.0	40.0	3.0	0.2	2.503,2 milhões de dólares
2008	2,380.0		40.0	3.9		2.423,9 milhões de dólares
2009	2,550.0		30.0	3.9		2.593,9 milhões de dólares
2010	2,775.0		25.0	3.8		2.803,8 milhões de dólares
2011	3,000.0		25.0	4.2		3.029,2 milhões de dólares
2012	3,075.0		20.0	3.0		3.098,0 milhões de dólares

2013	3,100.0		15.0			3.115,0 milhões de dólares
2014	3,100.0		15.0			3.115,0 milhões de dólares
Totais	83.435,9 milhões de dólares	32.338,5 milhões de dólares	1.688,2 milhões de dólares	162,1 milhões de dólares	2.847,3 milhões de dólares	120.472 milhões de dólares

Fontes: Mark, 2004; Sharp, 2009; e Zanotto, 2014

Apêndice 2: Violações israelitas do direito internacional (Sistema de Informação das Nações Unidas sobre a Questão da Palestina)

- Violação do direito do povo palestiniano à autodeterminação, tal como codificado nas Res. 1514 (XV) e 2625 (XXV), e reconhecido pelo TIJ na sua decisão sobre o muro
- Violação do direito consuetudinário, das normas de direitos humanos (A/RES/194/III, § 11 e do DIH consuetudinário, tal como codificado pelo CICV em 2005, Regra 132, Pacto Internacional sobre os Direitos Civis e Políticos Art. 12(2)) ao proibir o regresso dos refugiados palestinianos às suas casas
- Violação das resoluções do Conselho de Segurança (CSNU) que exigem a retirada de Israel dos territórios ocupados (87 resoluções até à data) e da Carta das Nações Unidas que obriga os Estados-Membros a "executar as decisões do Conselho de Segurança" (artigo 25.º)
- Violação do "[...] princípio da inadmissibilidade da aquisição de território pela guerra" (Res. 242 do CSNU), bem como das resoluções do Conselho de Segurança que condenam a anexação de Jerusalém
- Violação do direito do povo palestiniano aos seus recursos naturais e à sua riqueza através da utilização israelita das terras agrícolas palestinianas, da exploração das reservas de água palestinianas e do impedimento do acesso dos palestinianos a mais de 10% das suas reservas de água potável (A/RES/64/292)
- Violação do direito internacional humanitário que proíbe:
- a criação de colonatos israelitas (4th Convenção de Genebra de 1949 (CG), Art. 49 e 147), as expulsões de palestinianos do seu território
- as demolições e expropriações de casas e terras árabes situadas no país ocupado (Regulamentos de Haia de 1907, art. 46º e 55º)
- maus tratos, tortura e detenção administrativa prolongada de palestinianos nas prisões israelitas (4th GC, Art. 3, 32 e 78)
- o desrespeito do direito de regresso dos refugiados palestinianos às suas casas (A/RES/194/III, § 11 e DIH consuetudinário, tal como codificado pelo Comité Internacional da Cruz Vermelha (CICV) em 2005, Regra 132)
- ataques militares contra civis, ataques indiscriminados e desproporcionados contra Gaza e os campos de refugiados palestinianos (direito internacional humanitário consuetudinário, Regras 1 e 14 do Compêndio do CICV)
- punição colectiva da população palestiniana de Gaza, onde, segundo a Organização Mundial de Saúde, a vida não será sustentável até 2020 (art. 33.º do CG)
- nos termos da decisão do TIJ de 2004 sobre o muro
- Violação dos direitos e liberdades fundamentais, como a liberdade de circulação, a liberdade de religião, o direito ao trabalho, à saúde e à educação, devido ao muro israelita e aos postos de controlo nos Territórios Ocupados, que impedem o livre acesso dos palestinianos ao seu local de trabalho, à escola, aos serviços de saúde e aos locais religiosos (Pacto sobre os Direitos Civis e Políticos de 1966, art. 12º e 18º; Pacto sobre os Direitos Económicos, Sociais e Culturais, art. 12º e 18º; Pacto sobre os Direitos Económicos, Sociais e Culturais, art. 18º). 12 e 18; id. sobre Direitos Económicos, Sociais e Culturais, Art. 6, 12,

13)

• Violação da proibição de discriminação com base na origem nacional através de políticas e práticas israelitas semelhantes ao Apartheid (conclusões do Tribunal da Cidade do Cabo de 2011), que negaram aos palestinianos uma nacionalidade efectiva tanto no território de Israel como no Território Ocupado e fora dele

Apêndice 3: Cumplicidade dos EUA nas violações do direito internacional por Israel Ajuda económica

• Após a Segunda Guerra Mundial, durante a Guerra Fria e desde então, os EUA têm demonstrado um compromisso com a criação e a viabilidade de Israel como um Estado judeu militarizado e excludente, em detrimento dos direitos humanos dos palestinianos

• Desde a Guerra dos Seis Dias, em 1967, os EUA têm prestado um apoio económico, militar e diplomático inequívoco a Israel, a fim de estabelecer e manter uma superioridade militar qualitativa sobre os seus vizinhos árabes, em violação do seu próprio direito interno

• O apoio incondicional dos EUA a uma potência ocupante reconhecida internacionalmente fez de Israel o maior beneficiário da ajuda externa dos EUA desde 1976 e o maior beneficiário acumulado desde a Segunda Guerra Mundial, no montante de aproximadamente 115 mil milhões de dólares

• Os EUA concederam a sua ajuda económica a Israel como um montante fixo no início do ano fiscal e sob a forma de empréstimos perdoáveis, tornando-a assim excecional entre todos os seus beneficiários estrangeiros

• A ajuda a Israel representou, em média, cerca de 25% de toda a ajuda externa dos EUA

Apoio diplomático

• Entre 1972 e 2012, os Estados Unidos foram os únicos a vetar as resoluções da ONU que criticavam Israel por quarenta e três vezes - trinta das quais relativas aos Territórios Ocupados.

• Na Assembleia Geral, os EUA exercem pressão sobre os Estados-Membros para impedir os esforços de aprovação ou aplicação de resoluções que responsabilizem Israel

• A impunidade internacional de que Israel goza pelas suas violações constantes das Convenções de Genebra deve-se, em grande parte, à proteção externa que a sua relação especial com os EUA proporciona

Ajuda militar

• Israel recebe 60% dos fundos do Financiamento Militar Estrangeiro (FMF) dos EUA, o que o torna o maior beneficiário do financiamento militar dos EUA

• Israel é um dos dez principais fornecedores de armas a nível mundial e é o único beneficiário da ajuda militar dos EUA autorizado a investir até 25% desse dinheiro em I&D e na sua própria indústria de produção militar

• Israel também recebe fundos dos projectos de lei anuais relativos à defesa para programas conjuntos EUA-Israel de defesa anti-míssil que podem exceder os 100 milhões de dólares

• Nenhum deles está sujeito à rigorosa legislação dos EUA, incluindo a Lei de Controlo da Exportação de Armas, a Lei de Assistência Externa e o Acordo Bilateral Mútuo entre Israel e os EUA (1952). A política do governo americano e as leis específicas aprovadas pelo Congresso exigem que os EUA mantenham a vantagem militar qualitativa de Israel na região. Estas colaborações com os produtores militares americanos contribuíram para alimentar uma corrida ao armamento contínua na região

Apêndice 4: Violações do direito internacional e interno por parte dos EUA através do seu apoio a Israel:

- Ao permitir e financiar as violações por parte de Israel das normas internacionais humanitárias e em matéria de direitos humanos, os EUA são culpados de cumplicidade em actos internacionais ilícitos, nos termos do artigo 16º do Projeto de Artigos sobre a Responsabilidade dos Estados da Comissão de Direito Internacional e, por conseguinte, são também responsáveis pelas violações sofridas pelo povo palestiniano, bem como pela afronta ao sistema internacional
- Ao obstruir a responsabilização pelas violações das Convenções de Genebra, os EUA não cumpriram as suas obrigações enquanto Alta Parte Contratante, nos termos do artigo 1º comum
- Ao continuar a dar apoio económico à expansão dos colonatos, apesar das expressões ocasionais de desaprovação, os EUA também estão a violar a jurisprudência do Tribunal Internacional de Justiça, particularmente o parágrafo 163 (D) da sua decisão sobre o Muro
- Ao impedir uma resolução internacional para o conflito, abusando do seu poder de veto no Conselho de Segurança e da sua influência política/económica/diplomática na Assembleia Geral, os EUA estão a violar várias disposições da Carta das Nações Unidas, em particular o artigo 24
- Ao não condicionar a ajuda militar a Israel ao cumprimento das normas em matéria de direitos humanos e à adesão estrita à lei da autodefesa, os EUA estão a violar a sua própria lei interna

Referências

Livros:

[1] Badil (2013) Israeli Land Grab and Forced Population Transfer of Palestinians (Apropriação israelita de terras e transferência forçada de populações palestinianas).

[2] Riviv, D. e Melman, Y. (1994) Friends in Deed: Inside the US-Israeli Alliance. Nova Iorque: Hyperion.

[3] Roshandel, J. e Lean. N. (2011) Iran, Israel, and the United States: Regime Security vs. Political Legitimacy. Westport: Connecticut: Praeger. p. 44.

Documentos:

[4] Registo do Congresso, V. 145, Pt. 17, 5 de outubro de 1999 a 13 de outubro de 1999. p. 24099.

[5] Dugard, J. (29 de janeiro de 2007) Relatório do Relator Especial sobre a situação dos direitos humanos nos territórios palestinianos ocupados desde então, A/HRC/4/17.

[6] Artigos XI-XVII do Acordo Provisório sobre a Cisjordânia e a Faixa de Gaza (1995). http://self.gutenberg.org/articles/Interim_Agreement_on_the_West_Bank_and_the_G aza_Strip

[7] Ministério dos Negócios Estrangeiros de Israel (2007) Signing of Memorandum of Understanding between Israel and the United States (Assinatura do Memorando de Entendimento entre Israel e os Estados Unidos).

[8] Despacho relativo ao aumento das coimas previstas na legislação em matéria de segurança (Judeia e Samaria) (número 845), 1980.

[9] Decreto relativo às disposições de segurança (Judeia e Samaria) (n.º 1651), 2009. Este decreto baseia-se no artigo 90.º do Decreto n.º 378 de 1970.

[10] Sharpe, J. (2013) US Foreign Aid to Israel. Washington, DC: Congressional Research Service.

[11] Sharpe, J. (2014) U.S. Foreign Aid to Israel. Washington, DC: Serviço de Investigação do Congresso.

[12] Gabinete de Coordenação dos Assuntos Humanitários das Nações Unidas Territórios Palestinianos Ocupados (2011) Humanitarian Factsheet on Area C of the West Bank. http://www.ochaopt.org/documents/ocha_opt_area_c_fact_sheet_july_2011.pdf

[13] Gabinete de Coordenação dos Assuntos Humanitários das Nações Unidas: território palestiniano ocupado (2014) Humanitarian Factsheet on Area C of the West Bank.

http://www.ochaopt.org/documents/ocha_opt_area_c_factsheet_august_2014_english .pdf

Revistas:

[14] Ferraro, Tristan (2014) Reunião de peritos: Ocupação e outras formas de administração de território estrangeiro. Genebra: Comité Internacional da Cruz Vermelha.

[15] Holt, Blaine (2014) The Gold Standard: US-Israeli Military Relations in American Foreign Policy Interests, Volume 36, Número 2.

[16] Roberts, A. (1990) "Prolonged Military Occupation: The Israeli-Occupied Territories Since 1967". American Journal of International Law.

[17] Documento de informação da Agência Nacional de Segurança/Serviço Central de Segurança (TS//REL TO USA, ISR) Assunto: Relações dos serviços secretos da NSA com Israel. (19 de abril de 2013)

[18] Saar, E. (2001) Israel: The West Bank and Modern Arms in Arieh Stav (ed.) Israel and the Palestinian State: Zero Sum Game? Shaarei Tikva, Israel: Ariel Center for Policy Research

Internet:

[19] Instituto de Investigação Aplicada - Jerusalém. http://www.arij.org

[20] Arutz7 News (2004) Top Secret American Military Installations in Israel (Instalações militares americanas ultra-secretas em Israel). http://www.jonathanpollard.org/2005/012805.htm

[21] Chossudovsky, M. (2013) Israel: A De Facto Member of NATO. http://www.globalresearch.ca/israel-a-de-facto-member-of-nato/5325890

[22] Eisenstadt, M. e Satloff, R. (2014) Clarifying the Security Arrangements Debate: Israeli Forces in the Jordan Valley. http://www.washingtoninstitute.org/policy-analysis/view/clarifying-the-security- arrangements-debate-israeli-forces-in-the-jordan-va.

[23] End the Occupation (2015) Israeli Weapons Makers in the US (Fabricantes de armas israelitas nos EUA). http://www.endtheoccupation.org/article.php?id=3651

[24] Acabar com a Ocupação (2015) Fabricantes de armas dos EUA em Israel. http://endtheoccupation.org/article.php?id=3652

[25] Quarta Convenção de Genebra relativa à Proteção das Pessoas Civis em Tempo de Guerra (12 de agosto de 1949)

[26] Frank, J. (2014) An Interview with Max Blumenthal - Inside Israel's Apartheid State. http://www.opednews.com/articles/An-Interview-with-Max-Blum- by-Joshua-Frank-Apartheid_Goliath_Interviews_Israel- 140102-201.html

[27] Glen Greenwald (2014) Cash, Weapons and Surveillance: The US Is a Key Party to Every Israeli Attack. https://theintercept.com/2014/08/04/cash-weapons- surveillance/

[28] Gresh, A. (2012) Escritor francês acusa os EUA e Israel de ignorarem o direito internacional. https://www.middleeastmonitor.com/news/europe/4347-french- escritor-acusa-nos-e-israel-de-ignorarem-o-direito-internacional

[29] Hunt, G. (2005) Air Defenders Train with Israeli Counterparts. http://www.globalsecurity.org/military/library/news/2005/11/mil-051102- arnews03 .htm

[30] Comité Internacional da Cruz Vermelha (2004) Occupation and international humanitarian law: questions and answers. http://www.icrc.org/eng/resources/documents/misc/634kfc.htm

[31] Forças de Defesa de Israel (2011) Urban Warfare Training Center - Simulating the Modern Battlefield. http://www.idfblog.com/2011/10/26/urban-warfare-training- center-simulating-the-modern-battle-field/

[32] Jakobsen, J. (2014) Israel - The Poster Child of Realism. http://www.popularsocialscience.com/2012/11/19/israel-the-poster-child-of-realism/November 19, 2012

[33] Jane's (2013) U.S.-Built $25-Million Base for Israel's Arrow 3 ABM, Built to Counter Iran. http://stratrisks.com/geostrat/category/military-buildup

[34] Mader, C. (2014) Washington's Military Aid to Israel: Fake Peace Process, Real War Process. http://www.opendemocracy.net/arab-awakening/chase-madar/washington%E2%80%99s-military-aid-to-israel-fake-peace-process-real-war-process

[35] Mark, Clyde R., "Israel: U.S. Foreign Assistance" [Assistência Externa dos EUA]. Congressional Research Service (12 de julho de 2004). http://us.state.gov

[36] Privacy International (2013) https://www.privacyinternational.org/node/51.

[37] Rubin, U. (2003) Beyond Iraq: Missile Proliferation in the Middle East [Proliferação de mísseis no Médio Oriente]. http://jcpa.org/article/beyond-iraq-missile-proliferation-in-the-middle- east/#sthash.E7XQd307.dpuf

[38] Shapiro, A. (2011) Ensuring Israel's Qualitative Military Edge, Observações ao Instituto Washington para a Política do Próximo Oriente. http://www.state.gov/t/pm/rls/rm/176684.htm

[39] Sharp, Jeremy (dezembro de 2004) "U.S. Foreign Aid to Israel". Serviço de Pesquisa do Congresso.

[40] Silverstein, R. (2014) Secret NSA Satellite facility Located at IDF Base in Occupied East Jerusalem. http://www.richardsilverstein.com/2014/02/10/secret-nsa- satellite-facility-located-in-jerusalem/

[41] Agência das Nações Unidas de Assistência aos Refugiados da Palestina no Próximo

Oriente (2015) Palestine Refugees. http://www.unrwa.org/palestine-refuees

[42] United States Army Corp. of Engineers (2015) Europe District. http://www.nau.usace.army.mil/

[43] Programa Alimentar Mundial (2014) Estado da Palestina. http://www.wfp.org/ countries/state-of-palestine

[44] Vick, K. e Klein, A. (2012) How a U.S. Radar station in the Negev affects a Potential Israel-Iran Clash. http://content.time.com/time/world/article/ 0,8599,2115955,00.html

[45] Zanotti, Jim (fevereiro de 2014) "Israel: Background and U.S. Relations". Serviço de Pesquisa do Congresso.

MIX
Papier aus verantwortungsvollen Quellen
Paper from responsible sources
FSC® C105338

Printed by Books on Demand GmbH, Norderstedt / Germany